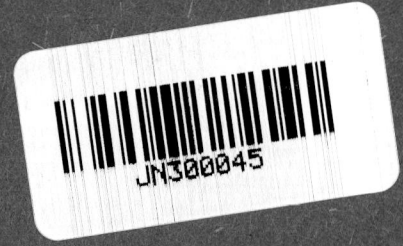

たっぷり薬味で元気とキレイ!

にんにく・しょうが・ねぎ・とうがらしの

薬膳レシピ

パン・ウェイ 著

農文協

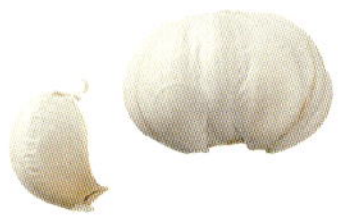

C O N T E N T S

薬味を毎日たっぷりとれる

前菜とおかず 33

いろいろな薬味・スパイスを使って

点心とスイーツ 65

この本の使い方

疲れ　胃の不調　肌あれ　くすみ

●それぞれの料理を食べることで予防・改善が期待される、日常生活で感じやすい症状をマークで紹介しています。献立づくりの参考にしてください。ただしこの料理を食べれば、すべての不調が生じないということではありません。健康には十分な睡眠、バランスのよい食事のほか、適度な運動や生活習慣の改善などが必要です。体調をみながら、自分にあった食事をとる目安としてお使いください。不調が続く場合、症状が強い場合は、医師の診察を受けましょう。

●元気やキレイの基準は、人それぞれです。この本では、体が健康になることで内側からキレイになることを提案しています。

●材料で表記している分量は、大さじ 1＝15cc、小さじ 1＝5cc。また 1cc＝1ml です。

●揚げ油の温度は、低温＝160～165℃くらい、中温＝170～180℃くらい、高温＝185～190℃くらいです。中温の目安は、パン粉や衣などを少量落とすと、いったん鍋底近くまで沈んですぐに浮き上がってくる程度です。

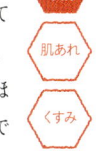

はじめに

薬味の日常使いは
私の元気とキレイの基本

カツオのお刺身に添えられる、にんにくのすりおろし。冷奴にはしょうが。昔から日本人の食生活に寄り添ってきた薬味。でも昨今、暮らしの中で薬味の使い方や効用を意識することは、少なくなったように思います。私が育った北京では、日本人が驚くほどの量の薬味を家庭で使います。店頭ではキロ単位の量り売りが一般的です。私は、もう日本に住んで長くなりますが、今でも一品つくるのに、しょうが１かけ、にんにく１かけは、ひとり分として使っています。それが４品、５品と並び、１食で４〜５かけをひとりで食べています。

もちろん胃の弱い人は食べ方や量を工夫する必要がありますが、旬の食材を中心にしたバランスのとれた食事とたっぷりの薬味は、体温と免疫力を上げ、血の循環をよくし、病気に強い体をつくってくれます。そして、体が内側から元気になることで、肌が整い、顔色がよくなり、お化粧いらずの美しさを手に入れることができます。さあ、薬味をたっぷり使って、おいしいお料理をつくりましょう。おいしい！　と喜ぶ笑顔こそ、元気とキレイの第一歩です。

パン・ウェイ

薬食同源――

口に入るものはすべて薬。効能も副作用もあります。
薬味とあわせて一日五色（白・黒・赤・緑・黄）の食材をとりましょう。

おいしい

と感じるものが、その時の体に
必要なもの。体の声を聞けば、
自分に足りないものがわかります。

冷えた体に。

赤のスープ　レシピP.30

潤《うるお》いたい日に。

白のスープ　レシピP.31

薬味の基本

にんにく

わたしはにんにくの芽もとらずに使います。中国では芽の部分に最も生命力があるといわれます。

ほとんどの野菜は解毒剤ですが、なかでもにんにくの肉や野菜に対する作用は強力。最も殺菌力が強い薬味なので、風邪やインフルエンザの季節や疲れがたまって「気」が足りないとき、一年中活躍します。食後は、少し温めた100%のリンゴジュースを飲むと胃の粘膜を保護し、臭い消しにもなります。

みじん切りの切り方

一 皮をむいて内側を下にして立て、指でしっかり押さえて縦に刃を入れる。

二 寝かせて同様に刃を入れる。できれば押さえている親指で太さを調整する。

三 先のほうから横に刻んでいくとみじんになる。根元は最後に切り落とす。

こんなときに

殺菌
生ものを食べるときに生にんにくで殺菌

疲労
にんにくで滋養強壮をはかる

【注意】とりすぎると、胃腸の負担になります。

みじん切りの切り方

一 いたんだ部分だけ取って立て、指でしっかり押さえて縦に刃を入れる。

二 寝かせて同様に刃を入れる。できれば押さえている親指で太さを調整する。

三 先のほうから横に刻んでいくとみじんになる。

こんなときに

むくみ
瓜類としょうがで冷えないむくみ取り

生理痛など婦人科系の症状
冷えをとり、痛みをやわらげる

【注意】とり過ぎると咳や皮膚にかゆみがでたり、目が充血します。

しょうが

夏はしょうがをいっぱい食べれば医者の世話にならない、という中国のことわざの通り、寒い冬はもちろん、生の野菜や冷たいもののとりすぎ、冷房などで意外に冷える夏にもおすすめ。生理痛のある人や冷え体質の人は、一年中意識して食べましょう。ただし体が乾燥する秋は、薬味類は控えめに。特にしょうがは最低限にしましょう。

皮のすぐ下に旨みと薬効がつまっているのでなるべく皮はむかずに使いましょう。

この本で主に紹介する薬味［にんにく・ねぎ・しょうが・とうがらし］は
すべて陽の食材。体を温め血行をよくし、毒消しになります。陽体質の人や刺激に弱い人は
とりすぎに注意が必要ですが、冷え性や血行不良などの予防・改善に役立ちます。

とうがらし

種をとって
使いましょう。
子どもの頃に何度も
種が食道に貼りつき
大変でした。

離乳食はとうがらしだった、とからかわれるほどわたしは辛いものが大好き。辛さの中にある旨みが好きなのです。やたら辛いだけの激辛料理は胃をいため、体をカラカラに乾かすので感心しません。とうがらしは脾臓の機能を向上させ、しもやけを予防します。体を温め、血行をよくしますので、特に冬に備える時期には積極的に食べましょう。

みじん切りの切り方

一　種は最初に取り除く。細長くせん切りにしたら横方向に刻む。

二　包丁の根元で刻むと飛び散らない。みじん切りは料理を辛くしたいときに向く。

こ　ん　な　と　き　に

疲れ目、肩こり

カプサイシンが血行をよくする

冷え性

血の巡りをよくし、体を温める

【注意】とり過ぎると胃腸を刺激しすぎます。

白髪ねぎの切り方

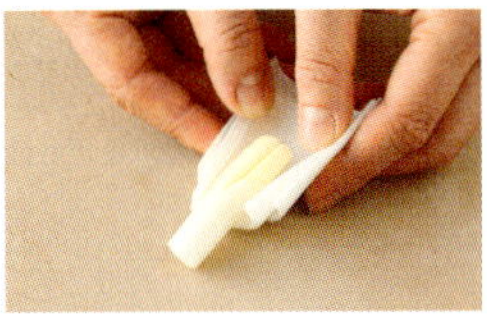

一　根元を落として5～6cmの棒状に切る。芯の部分を抜き白い部分を開く。

二　繊維と同じ方向に細切りにする。辛味を抑える場合は水にさらしておく。

みじん切りの切り方

一　根元は残したまま回しながら、繊維と同じ方向にランダムに包丁を入れていく。

二　まんべんなく切り目が入ったら根元を落とし、輪切りの要領で刻む。

こ　ん　な　と　き　に

風邪

冷えからくる風邪に。鼻風邪には白い部分を使う

肩こり・頭痛

体を温め痛みをやわらげる

【注意】とり過ぎると体に余熱がこもりやすくなります。

薬味の中でも、ねぎの発熱作用はトップクラス。寒い冬には欠かせません。冷えからくる風邪や鼻炎、痰に悩んだらねぎ。肩こりや頭痛、むくみや関節痛にも効果的です。整腸作用もあります。逆に真夏にたくさん食べるのは禁物。体が熱をもち過ぎます。

ねぎ

わたしは
根元も捨てずに
干して保存し
肉の煮込みや
スープをとる際に
使います。

にんにく油

しょうが油

ねぎ油

とうがらし油

薬味油のつくり方

一 ねぎとしょうがは細かく切り、とうがらしは輪切り、にんにくはスライスにする。

二 小鍋で白胡麻油大さじ４〜５を充分に熱し、薬味を入れる。中強火で１分半〜２分加熱する。薬味に色がついたら火を止める。

三 蓋つきの容器で具ごと保存し、油が酸化しないうちに使う。冷蔵庫で１カ月保存できる。

※焼肉のたれや、野菜炒めの隠し味などに便利。油を上手に食事にとりいれると食事の栄養分を吸収しやすくなり、肌もつややかで弾力がでます。質のよい油を毎日適量とるようにしましょう。

＼すぐできる！　すぐおいしい！／

薬味油と薬味のオイスターソース漬け

オイスターソース漬けのつくり方

一 きれいな瓶に適量の薬味を入れ、オイスターソースを注いで蓋をする。

二 １時間置くと、できあがり。薬味の上部までオイスターソースで浸しておくと、冷蔵庫で３カ月持つ。

※茹で野菜や肉にかけたり、炒めものに使ったりと万能。冷の食材の牡蠣を使っているオイスターソースも、温の食材の薬味を加えると冷え改善の調味料になります。旨みも出て一石二鳥。冷えたときはねぎ、しょうが、疲れたときはにんにく、とうがらしと使い分けてもよいでしょう。

にんにくオイスターソース漬け

しょうがオイスターソース漬け

ねぎオイスターソース漬け

とうがらしオイスターソース漬け

ひと皿でたっぷり薬味がとれる

ごはん・麺・スープ

ねぎ豚丼

こんな症状の予防・改善に

疲労
冷え
鼻風邪
新陳代謝不良
肌あれ

鶏の湯麺《タンメン》

こんな症状の予防・改善に

倦怠感

鼻風邪

胃の不調

疲労

肌あれ

ねぎ豚丼

疲れを感じたときや
風邪を引きかけたときには
ねぎの分量を増やして食べてください。
調味料を薄めてつくると、
おかずにもなります。

材料（2人分）

ねぎ……………………………………………… 1と1/2本
ねぎの青い部分（みじん切り）………………… 10cm
豚バラブロック肉……………………………… 200g
（下味用：紹興酒　小さじ1と1/2、胡麻油　小さじ1、
黒胡椒　少々、醤油　小さじ1と1/2）
白胡麻油…………………………………………大さじ2
合わせ調味料
- 醤油…………………………………………大さじ1
- オイスターソース……………………………大さじ1
- 紹興酒…………………………………………小さじ1
- 水………………………………………………大さじ1
- 黒砂糖……………………………… 小さじ1と1/2
- 黒胡椒…………………………………………少々
- 片栗粉…………………………………………小さじ2/3
- 胡麻油…………………………………………少々

クコの実（水に戻す）、菊の花びら、とうがらし
……………………………………………………少々
ご飯……………………………………………… 2杯分

つくり方

一　ねぎを4cm幅のぶつ切りにする。豚バラ肉を幅1cm × 4cmの棒状に切り、10分ほど下味に漬ける。

二　大さじ1の白胡麻油で一のねぎをしっかり炒めて、鍋から取り出す。

三　二の鍋に残りの白胡麻油を加え、一の豚肉をしっかり炒め、合わせ調味料、二のねぎを加えて全体に炒め合わせる。

四　器にご飯、豚肉、ねぎ、みじんにしたねぎの青い部分の順でのせ、クコの実、菊の花びら、とうがらしを飾る。

鶏の湯麺《タンメン》

胃腸が弱っているとき、
体力を増進したいときには
消化しやすい鶏肉がおすすめです。
冷麦やきしめん、極細のパスタでも
代用できます。

材料（2人分）

鶏手羽中……………………4本（またはもも肉1枚）

スープ

- しょうが…………………………………………1かけ
- ねぎ………………………………………3㎝×2本
- 水…………………………………………………800cc
- 紹興酒………………………………………大さじ2
- 鶏スープの素………………………………小さじ2

ねぎの胡麻油漬け

- ねぎ（せん切り）…………………………1本分
- 白胡麻油……………………………………大さじ3
- 胡麻油………………………………………大さじ1
- 塩……………………………………………小さじ1
- 鶏スープの素……………………………小さじ1/2

小葱（みじん切り）…………………………少々

素麺…………………………………………………2人分

つくり方

一　鍋にスープの材料を入れて、沸騰したら手羽中を入れる。手羽中がやわらかくなるまで20分ほど煮る。

二　小鍋に2種類の胡麻油を入れて煙が少々出るまで熱し、耐熱ボウルに入れたねぎにかけ、塩と鶏スープの素を加えてよく混ぜる。

三　一の鍋から手羽中を取り出して粗熱を取り、骨を除いて肉を手で裂く。

四　別の鍋で素麺を茹でてざるに上げ、水気をきって器に盛る。三の鶏肉をのせ、熱した一のスープをかけて、二のねぎの胡麻油漬けをのせ、小葱を散らす。

チリ卵丼

こんな症状の予防・改善に

疲労
冷え
生理痛
肩こり
血行不良
肥満

牛すじスープのビーフン

こんな症状の予防・改善に

倦怠感

冷え

血行不良

乾燥肌

しわ

肌あれ

チリ卵丼

疲れと冷えがたまったら。
消化しやすい卵で体力を回復し、
ねぎとしょうがで一気に体を温めます。
ソテーしたエビを入れると
エビチリになります。

材料（2人分）

卵	2個
ねぎ（みじん切り）	大さじ4
しょうが（みじん切り）	大さじ1/2
にんにく（みじん切り）	大さじ1
ケチャップ	大さじ2
豆板醤	小さじ1
黒砂糖	大さじ1
鶏スープの素	小さじ1/2
水	100cc
白胡麻油	大さじ2
ご飯	2杯分

つくり方

一　卵を溶いて大さじ1の白胡麻油でさっと炒め、とろとろの状態で取り出す。ここで卵を炒め過ぎないように注意する。

二　残った白胡麻油でねぎ、しょうが、にんにくを炒め、ケチャップ、豆板醤、黒砂糖、鶏スープの素、水を加えてとろみが出るまで煮込む。

三　一の卵と二を丼に盛ったご飯にかける。2つの具を混ぜて一緒に食べる。

牛すじスープのビーフン

肌あれや肌の弾力が
気になるときにぜひつくりましょう。
しょうが、ねぎで血流を良くし、
牛すじのコラーゲンを補充します。
冷麦や細めの蕎麦でもおいしくできます。

材料（2人分）

スープ

- 牛すじ（市販の串もの）……………………………6本
- しょうが（スライス切り）…………………………10g
- ねぎ（斜め切り）………………………………10cm分
- 水…………………………………………………800cc
- 砂糖………………………………………………小さじ2
- 八角………………………………………………2個
- 紹興酒……………………………………………大さじ3
- 塩、黒胡椒………………………………………各少々

ビーフン……………………………………………2人分

つくり方

一　鍋にスープの材料を入れて、中火で20分ほど煮込む。ここで牛すじが好みの固さになるように、時間を調整する。

二　別の鍋に湯を沸かし（分量外）、ビーフンを茹でてざるに上げ、水気をきって器に盛る。

三　二に一のスープをかけて、スープの中のねぎ、しょうが、八角をのせる。

※牛すじは、真空パックで売られている鍋用のものが手軽。一度煮込んであるので、すぐに料理に使えます。

甘辛肉丼

こんな症状の予防・改善に

疲労

イライラ

生理前症候群

新陳代謝不良

乾燥肌

にんにく胡麻和え麺

こんな症状の予防・改善に

疲労
冷え
風邪
新陳代謝不良
肌あれ

甘辛肉丼

がっつり食べて元気になりたいときや、
ものすごく空腹なときに。牛肉でも代用可能。
醤油の代わりに味噌を使って味噌味にしても
おいしくなります。胡椒の辛みが苦手な方は、
火を止める直前に胡椒を加えて下さい。

材料（2人分）

にんにく（みじん切り）……大さじ4
にんにく（せん切り）……少々
糸とうがらし……適量
白胡麻油……大さじ1
豚バラスライス（4cm長に切る）……200g
紹興酒……大さじ2
黒砂糖……約大さじ3
醤油……約大さじ2
黒胡椒、七味とうがらし……各小さじ1/4
ご飯……2杯分

つくり方

一 鍋に白胡麻油と半量のにんにくのみじん切りを入れて香りが出るまで炒める。豚肉を加えて炒め、肉の色が少々変わったら、紹興酒、黒砂糖を加えてしっかり炒める。

二 一に醤油を入れて少々混ぜ炒め、最後に残ったにんにくのみじん切りと半量の糸とうがらしを加えて混ぜる。火を止めて黒胡椒、七味とうがらしを振る。胡椒の辛みが苦手な場合は、火を止める直前に黒胡椒を加えると余熱で辛みがとぶ。

三 二の豚肉を丼に盛ったご飯にのせ、残りの糸とうがらしとにんにくのせん切りをのせ、煮汁もかける。

にんにく胡麻和え麺

食欲がないときには適量のにんにくと
胡麻の組み合わせがおすすめ。
練り胡麻の濃度がメーカーで異なりますので
好みの味の濃さになるよう
ぬるま湯の量は調整してください。

材料（2人分）

胡麻ソース

- 白練り胡麻……80g
- にんにく（おろし）……2かけ分
- ぬるま湯……100cc
- 鶏スープの素……大さじ1
- 醤油、黒砂糖……各小さじ1/2

揚げにんにく、揚げとうがらし

- にんにく（せん切り）……3かけ（30g）
- とうがらし（種を取り輪切り）……2本
- 白胡麻油……大さじ2

貝割れ大根……適量

赤皮大根またはラディッシュ（せん切り）……適量

冷麦……200g

つくり方

一　ボウルに胡麻ソースの材料を入れて、よく混ぜる。

二　揚げにんにく、揚げとうがらしをつくる。熱した白胡麻油でにんにくをカリッと揚げて取り出し、同じ油で同様にとうがらしを揚げて取り出す。使った油は食べるときにかけてもよい。

三　冷麦を熱湯（分量外）で茹でて冷水にとり、ざるに上げてしっかり水気をきる。

四　三をお椀に盛り、貝割れ大根、赤皮大根、二の揚げにんにくと揚げとうがらしをのせる。胡麻ソースを添え、食べるときに和える。

豚ひき肉のお粥

こんな症状の予防・改善に

イライラ
新陳代謝不良
風邪
胃の不調
肌あれ
肥満
乾燥肌
しみ

高菜とにんにくの和え麺

こんな症状の予防・改善に

冷え

胃の不調

血行不良

豚ひき肉のお粥

二日酔いや、
胃腸が疲れているときにはお粥を。
にんにく、しょうがと合わせて
早めの体力回復を図りましょう。
ひき肉の臭み取りに紹興酒は欠かせません。

材料（2人分）

お粥

- ご飯……1人分（約150g）
- 水……500cc
- 豚ひき肉……50g
- 紹興酒……大さじ2
- 鶏スープの素……大さじ1

揚げにんにく、揚げしょうが

- にんにく（みじん切り）……3かけ
- しょうが（みじん切り）……10g
- 白胡麻油……大さじ2

ザーサイ（みじん切り）……約35g

厚揚げ（みじん切り）……30g

クコの実（水に戻す）……少々

つくり方

一　鍋にお粥の材料を全部入れて、ご飯がやわらかくなるまで煮込む。

二　揚げにんにく、揚げしょうがをつくる。熱した白胡麻油でにんにくをカリッと揚げて取り出し、同じ油で同様にしょうがを揚げて取り出す。使った油は食べるときにかけてもよい。

三　お椀にお粥を入れて、二の揚げにんにくとしょうが、ザーサイ、厚揚げ、クコの実をトッピングする。

高菜とにんにくの和え麺

高菜の塩辛さを
紹興酒と黒砂糖でまるめるのがポイント。
この２つの食材を使えば、
高菜漬けがなくてもたくあんなどのほかの
古漬けでも代用できます。

材料（2人分）

にんにく（みじん切り）……………………大さじ２
しょうが（みじん切り）………………大さじ1と1/2
高菜漬け（せん切り）……………………………200g
白胡麻油……………………………………………大さじ１
紹興酒………………………………………………大さじ１
鶏スープの素………………………………………小さじ１
黒砂糖………………………………………………小さじ１
黒胡椒…………………………………………………少々
胡麻油………………………………………………小さじ１
うどん………………………………………………２人分
貝割れ大根……………………………………………少々
菊の花…………………………………………………２つ

つくり方

一　半量のにんにくと、しょうが全部、高菜漬けを白胡麻油で炒める。

二　一に紹興酒と鶏スープの素、黒砂糖を加えてさらに炒める。火を止めて、黒胡椒、胡麻油を回しかける。

三　うどんを熱湯（分量外）で茹でて冷水にとり、ざるに上げて水気をきる。

四　二を皿の中央に盛り、残りのにんにくを散らし、菊の花をのせる。周りに三の麺をおいて貝割れ大根を飾る。食べるときは麺と具をよく混ぜていただく。

こんな症状の予防・改善に

更年期障害　疲労　貧血　冷え　肌あれ　生理痛　肥満　鼻風邪

赤のスープ

元気になりたいときに飲みたいスープ。
貧血や冷え性の方にもおすすめです。
煮る前に辣油とニンニク、豆板醤、コチュジャン、
豚肉を炒めるのがポイント。
漢方では赤い食材は造血作用が
あるといわれています。

材料（2人分）

赤パプリカ（すりおろす）	1/2個
赤パプリカ（スライス）	1/2個
ミニトマト	6個
ナツメ（水に戻す）	6個
金針菜（水に戻す）	10本分
クコの実（水に戻す）	大さじ2
京人参（スライス）	1/3本（30g）
豚バラ肉（スライス）	100g
豆板醤、コチュジャン	各小さじ1
にんにく（スライス）	3かけ
鶏スープの素	大さじ1
水	400cc
黒砂糖	小さじ1
辣油	大さじ1
糸唐辛子	適量
塩、黒胡椒	各少々

つくり方

一　鍋に辣油とにんにく、豆板醤、コチュジャン、黒砂糖、豚肉を入れて香りが出るまで炒める。水と鶏スープの素を加えて沸騰させ、ミニトマト、ナツメ、金針菜、京人参を入れて、やわらかくなるまで少々煮る。

二　パプリカ、糸唐辛子を加えて、塩、黒胡椒で味を調える。

三　器に移しクコの実を飾る。

こんな症状の予防・改善に

倦怠感　便秘　胃の不調　のどの痛み　乾燥肌　肥満　鼻づまり

白のスープ

のぼせたときや体の乾燥を感じたときに。
大根や白菜、白きくらげなどの白い食材は、
鎮熱作用があり、ほてりをしずめてくれます。
材料が揃わなくても、他の白い食材で代用可。
冷えやすい人はしょうがやねぎをたくさん加えて
食べてください。豚バラでもおいしくできます。

材料（2人分）

鶏モモ肉（一口大切り）……………………………100g
（下味：紹興酒 大さじ 1、塩、胡椒 各少々）
（揚げ用：片栗粉、油　各適量）
木綿豆腐（手でつぶす）……………………………120g
大根（薄い銀杏切り）…………………… 6cm（100g）
白きくらげ（乾燥もの）………………5g（水に戻す）
かぶ（薄く銀杏切り）………………………2 個（50g）
白菜（一口大切り）…………………………… 1 ～ 2 枚
ねぎ（白い部分を 1 cm幅斜め切り）…………1/2 本分
水………………………………………………………400cc
鶏スープの素………………………………………大さじ 1
塩、白胡椒（黒胡椒でも可）…………………… 各少々

つくり方

一　鶏肉を合わせた下味とよく混ぜ、片栗粉をつけ、油で揚げる。

二　鍋に水と鶏スープの素を入れて沸騰させ、大根、硬いところを取った白きくらげを入れて少々煮てから、一の鶏肉と木綿豆腐、かぶ、白菜を加えてさらに煮込む。

三　最後にねぎを加えて、ねぎがやわらかくなったら火を止め、塩、白胡椒で味を調える。

紹興酒

もち米の醸造酒。肉のくさみを除き旨みを引き出す。野菜料理の隠し味にも。安価なものでよい。

豆板醤

空豆や唐辛子を主原料にした発酵調味料。炒め物、煮物、スープ、たれにと万能。香りと旨みが強いものがおすすめ。

豆豉《トウチ》

大豆や黒大豆を発酵させた、味噌のような存在。解熱、解毒、胃腸の調整にも。風味が強く、メーカーによって塩辛いものもあるので使うときは少量で。

オイスターソース

旨みの濃い牡蠣の煮汁が主原料。中国内陸部で海の香りとして重用されてきた万能調味料。塩分の少ないものを選びたい。

花椒

香りと辛みが強い中国産の山椒の実。日本の山椒と同様の脇役。粉状のものと粒状のものがある。中華では炒め物にも。

調味料ガイド

この本のレシピで使う調味料は、スーパーなどで買える身近なものばかりです。私流の選び方とあわせて、ご紹介します。

白胡麻油

昔から東洋で使われていた油。生に近い胡麻からとるので色は透明。香りがやさしく味に品が出るのでサラダ油の代わりに。

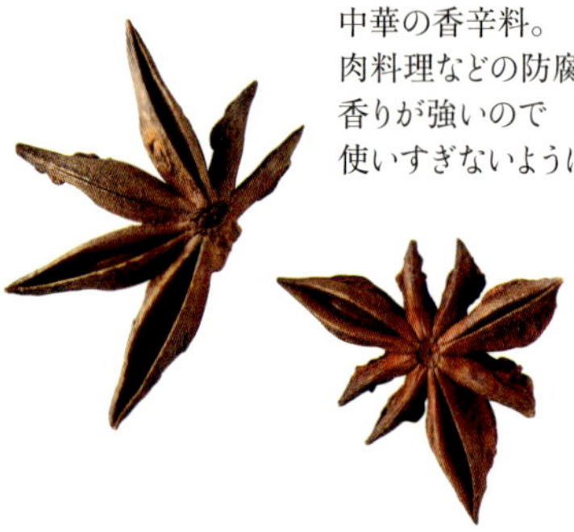

八角

中華の香辛料。肉料理などの防腐剤にも。香りが強いので使いすぎないように。

鶏スープの素

鶏ガラの代わりに使えてとても便利。塩辛くなく旨みが強いものがおすすめ。

胡麻油

煎り胡麻からつくられるため茶色になり風味が強い。和え物、蒸し物のたれや調理の最後に香りづけとして垂らす程度に。

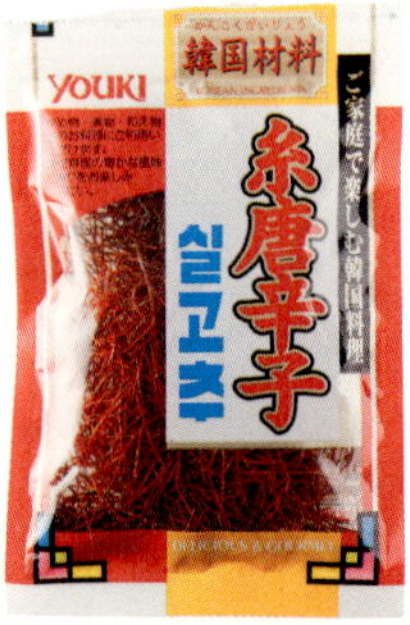

糸とうがらし

とうがらしを細かく切るのは難しいので使うと便利。彩りと風味づけに。

薬味を毎日たっぷりとれる

前菜とおかず

五色ナムル

こんな症状の予防・改善に

倦怠感　更年期障害　アレルギー　口内炎

肌あれ　乾燥肌　しみ　肥満

五色の甘酢漬け

こんな症状の予防・改善に

- 疲労
- 便秘
- 胃の不調
- 肥満

五色ナムル

野菜不足を感じたときや、
血の濃度が高くなったときにおすすめ。
にんにくと野菜で血液をサラサラにしましょう。
材料は一緒に茹でず、素材ごとに歯応えが
残る程度に仕上げます。

材料（2人分）

大豆もやし……………………………1/2袋（100g）
人参………………………………………2/3本（90g）
きくらげ（乾燥もの）………………15g（水に戻す）
黄パプリカ…………………………1個分（約100g）
ほうれん草…………………………1/2束（約90g）
合わせ調味料❶
- 塩…………………………………………各小さじ1/4
- おろしにんにく…………………………各小さじ1/4
- 胡麻油………………………………………各小さじ1

クルミ（粗みじん）……………2個分（半分割×4）
合わせ調味料❷
- 塩…………………………………………小さじ1/4
- おろしにんにく…………………………小さじ1/6
- 胡麻油………………………………………小さじ1

クコの実（水に戻す）………………………約6個分
黒胡麻・白胡麻、松の実、揚げにんにく…… 各少々
※揚げにんにくのつくり方はP.25を参照。市販のものでもよい。

つくり方

一 人参の皮をむき長さ4～5cmの細切りにする。へたと種を取ったパプリカも同じサイズに切る。きくらげを水に戻し、硬いところを取ってせん切りにする。

二 鍋に湯を沸かし(分量外)、大豆もやし、パプリカ、きくらげ、人参、ほうれん草の順に別々に茹でる。同じ湯でよい。それぞれ水気をしっかり絞る。ほうれん草は長さ5cmに切る。

三 二の大豆もやし、パプリカ、人参、ほうれん草をそれぞれボウルに入れ、合わせ調味料❶をそれぞれ加えてよく混ぜ合わせ、皿に盛る。

四 二のきくらげとクルミを合わせ調味料❷とよく混ぜ、皿に盛る。

五 パプリカの上に黒胡麻を、人参には白胡麻を、ほうれん草には松の実を、大豆モヤシにはクコの実を飾り、揚げにんにくを彩りよく飾る。

五色の甘酢漬け

疲れを感じたときには、
お酢に含まれるクエン酸が欠かせません。
胃腸が疲れているときは、
消化がよいよう茹で時間を長くしましょう。
時間があるときにつくり置きしてください。

材料（2人分）

大根（いちょう切り）……………………3cm（150g）
セロリ（輪切り）…………………………1本（120g）
赤パプリカ（輪切り）……………………1/2個（80g）
人参（半月切り）…………………………1/2本（90g）
きくらげ（乾燥もの）……………………3g（水に戻す）
とうがらし（輪切り）……………………………少々
塩（塩揉み用）……………………………各小さじ1/2
漬け汁
米酢……………………………………………大さじ4
砂糖……………………………………………大さじ2
お湯……………………………………………大さじ4
花椒（粒）……………………………………小さじ1

つくり方

一 大根、セロリ、パプリカ、人参を塩揉みして水分を出す。セロリは軽く絞る。きくらげは水に戻しても硬ければやわらかくなるまで茹でて硬いところを取り除き、一口大に手でちぎる。

二 漬け汁の材料を合わせて容器に入れ、一を漬ける。食べるときにとうがらしをのせる。翌日から食べられるが、3日目以降がおいしい。冷蔵庫で保存し、10日ほどで食べきる。

※別々に漬けておくと食材の色が移らずにきれいに漬かる。この場合は食べるときに一緒にして、とうがらしをのせる。

牡蠣のしょうが油和え

こんな症状の予防・改善に

倦怠感

のぼせ

イライラ

肌あれ

くすみ

大根のねぎ油和え

こんな症状の予防・改善に

倦怠感

鼻風邪

便秘

吹き出物

牡蠣の
しょうが油和え

牡蠣は軽く茹でる程度にします。
茹ですぎて固くならないよう気をつけましょう。
貝類をはじめ魚介類は体を冷やすものが
多いので、しょうがと合わせるのがおすすめ。
ホタテやムール貝、赤貝でもおいしくできます。

材料（2人分）

牡蠣（生食用）……200g

しょうがソース

- しょうが（せん切り）……大さじ2
- 砂糖……小さじ1/2
- 胡麻油……大さじ2
- 醤油……大さじ2

大葉（せん切り）……3枚分

しょうが（せん切り。飾り用）……1かけ

クコの実（水に戻す）……1個

つくり方

一　沸騰させたお湯で牡蠣を軽く茹で、水分をしっかり取る。水気が多い場合はキッチンペーパーなどでふきとる。

二　耐熱ボウルにしょうがと砂糖を入れ、フライパンで充分に（煙が出るまで）胡麻油を熱して注ぐ。

三　鍋に醤油を沸騰させてそこに二を加え、すぐに一を加え和え、器に盛る。大葉、しょうが、クコの実を飾る。

大根の
ねぎ油和え

風邪気味のときは、
殺菌作用のある大根がおすすめです。
粘膜を保護する効果もあります。
体を温めるねぎとあわせると、風邪に
対抗する強力なコンビになります。

材料（2人分）

大根……………………………………… 10cm（270g）
カニかまぼこ……………………………………70g
ラディッシュ（せん切り）………………………1個
ねぎ（みじん切り）……………………………大さじ5
胡麻油…………………………………………大さじ3
塩……………………………………………………少々
鶏スープの素……………………………………小さじ1

つくり方

一 大根は皮をむいて5mm角の棒状に切る。カニかまぼこを手でほぐし、大根、ラディッシュとともにボウルに入れ、ねぎを上に散らす。

二 フライパンで胡麻油を充分熱して一にかけ、塩と鶏スープの素を加えてよく和える。

こんな症状の予防・改善に

疲労
のぼせ
むくみ
肌あれ

豚肉と きゅうりの薬味炒め

瓜系野菜のきゅうりと豚肉は、
夏場のむくみや疲労回復におすすめです。
体の余熱をとりますので、
熱が体に籠りやすい方は
夏場以外もどうぞ。きゅうりを弱火で
しっかり火を通すのがポイントです。

材料（2人分）

きゅうり……2本分
豚バラブロック肉……100g
（下味：紹興酒　大さじ1、塩、黒胡椒　各少々）
しょうが（みじん切り）……大さじ1
しょうが（スライス）……1かけ
とうがらし（輪切り）……小さじ1と1/2
合わせ調味料
- 紹興酒……大さじ2
- 水……50cc
- 鶏スープの素……大さじ1/2
- 黒砂糖……小さじ1

白胡麻油……大さじ2
紹興酒溶き片栗粉
- 紹興酒……小さじ2
- 片栗粉……小さじ1/2

黒胡椒……少々
辣油……適量
白胡麻……少々

つくり方

一　きゅうりの皮をむいて、縦に4等分に切り、さらに5cmの長さに切る。豚肉を8mm角、長さ5cmの棒状に切り、下味と混ぜる。

二　大さじ1の白胡麻油で一の豚肉を炒め、取り出す。

三　残りの白胡麻油でみじん切りのしょうがととうがらしを炒め、一のきゅうりを入れて色がつかないように（弱火でじっくり火が通るように、または強火ですぐ火が通るように）炒め、合わせ調味料を加えてしっかり煮る。

四　途中で二の豚肉とスライスしたしょうがを加えて煮汁が少なくなるまで煮たあと、紹興酒溶き片栗粉を加えてすぐに火を止める。最後に黒胡椒と白胡麻を散らし、辣油を回しかける。

こんな症状の予防・改善に

疲労
花粉症
更年期障害
冷え
便秘
肌あれ
乾燥肌

豆豉風味の豚肉蒸し

豆豉は大豆などを発酵させた調味料。
発酵食品は腸の動きを活発にします。
豆豉が好きな方は
細かく切って使えば、味が濃くなります。
豚肉の代わりに鶏肉や
厚揚げ豆腐でつくってもおいしいです。

材料（2人分）

豚バラブロック肉……………………………200g
豆豉………………………………小さじ1と1/2
ねぎ（斜め薄切り）…………………大さじ2
しょうが（スライス）………………大さじ2
たれ
- 黒砂糖……………………………………小さじ1
- 紹興酒……………………………………大さじ2
- しょうが（みじん切り）………………大さじ1
- ねぎ（みじん切り）……………………小さじ1
- 醤油………………………………………大さじ1
- 片栗粉……………………………………小さじ2
- 胡麻油、オイスターソース………… 各小さじ1/2

スプラウト、クコの実（水に戻す）………………少々

つくり方

一 豚肉を2cm角に切る。豆豉をざく切りにする。

二 耐熱ボウルに一とたれの材料をすべて入れてよく混ぜ、ねぎとしょうがを上に置く。蒸気の立ったせいろにボウルごと入れて、強火で30分間蒸す。

三 皿に移し、スプラウトとクコの実を飾る。

疲労
冷え
肌あれ

こんな症状の予防・改善に

肉団子の蒸しスープ

肉を食べて元気になりたいときにどうぞ。
ひき肉は消化しやすいので、
不調のときや夜遅い食事におすすめです
鶏肉や牛肉でつくってもよいでしょう。

材料（2人分）

肉団子

- 豚ひき肉……100g
- しょうが（みじん切り）……小さじ1
- 紹興酒、片栗粉……各大さじ1
- 塩……2つまみ
- 黒胡椒……少々

煮汁

- 水……500cc
- しょうが……1かけ
- ねぎ……5cm
- 紹興酒……大さじ2

蒸しスープ

- 水……100cc
- 紹興酒……大さじ1
- 鶏スープの素……小さじ1

にんにく、しょうが（スライス）……各少々
紫スプラウト……適量

つくり方

一　肉団子の材料をすべてボウルに入れてよく混ぜあわせ、団子を2つつくり、煮汁の材料を煮たたせた鍋の中に入れ、5分ほど煮る。

二　一をそれぞれカップに入れ、蒸しスープの材料を1/2ずつ加える。

三　蒸し器に二を入れて蓋をのせ、強火で40分ほど蒸す。

四　仕上げにスライスしたにんにくとしょうが、紫スプラウトを飾る。

こんな症状の予防・改善に

倦怠感　冷え　風邪　疲労

肌あれ　乾燥肌　しわ　くすみ

しょうが にんにく風味の 鶏手羽揚げ炒め

肉は下味と混ぜてから
揚げるのが中華のポイント。
油が跳ねないよう揚げる前に下味の
液体を拭き取ってください。
しょうが、にんにくで疲労回復を
図りたいときにどうぞ。

材料（2人分）

鶏手羽（手羽中がおすすめ）……………………6本
（下味：紹興酒　大さじ1、醤油　小さじ1）
しょうが（スライス切り）……………………30g
にんにく（スライス切り）……………………30g
とうがらし（種を取る）……………………6本
合わせ調味料
- 紹興酒……………………小さじ1
- 醤油……………………大さじ1
- 黒砂糖……………………大さじ1/2
- 鶏スープの素……………………小さじ1/2

白胡麻油……………………大さじ2
揚げ用油……………………適量

つくり方

一　手羽中の皮側の中央に縦に切り目を入れ、下味と混ぜて15分ほど置き、中温の油で素揚げする。

二　白胡麻油でしょうが、にんにく、とうがらしを揚げるように一緒に炒め、色がついたものから順に取り出す。

三　鍋に一と合わせ調味料を入れて炒め、最後に二のしょうが、にんにく、とうがらしを戻して絡める。

※二で使った油はビンなどに入れて保存し、薬味油として使えます。

こんな症状の予防・改善に

倦怠感
冷え
風邪
胃の不調

肌あれ
乾燥肌
しわ
くすみ

鶏手羽のねぎ蜂蜜煮

揚げ物以外で
さっぱりと手羽を食べたいときに。
煮込む前に焼くことで旨みを閉じ込め、
調理時間も短くなります。
コラーゲンたっぷりの手羽は、
肌と骨のケアに欠かせません。

材料（2人分）

鶏手羽先……6本
煮汁
- 八角……1～2個
- 紹興酒……大さじ2
- 黒砂糖……大さじ2
- 水……約400cc

ねぎ（長さ4cmに切る）……約20cm
醤油……大さじ2
蜂蜜……大さじ3
香菜……少々
クコの実（水に戻す）……大さじ1
白胡麻油……大さじ1

つくり方

一　手羽先は皮側の中央に縦に切り目を入れる。白胡麻油を熱したフライパンに入れて両面に焼き色をつける。

二　深さがある鍋に一の手羽先と煮汁の材料を入れ、鶏肉がやわらかくなるまで焦げないように煮る。途中でねぎと醤油を加える。火を止め、蜂蜜を入れて混ぜる。

三　器に二を盛り、香菜、クコの実をのせる。ねぎは食べても食べなくてもよい。

こんな症状の予防・改善に

疲労

風邪

冷え

肌あれ

鶏とかぶのスープ煮

風邪気味のときには、
炎症を抑えるかぶなど白い食材が
おすすめです。
鶏肉の蛋白質といっしょにとって
元気を取り戻しましょう。
繊細な味付けなので、煮込む際に
焦げないよう気をつけてください。

材料（2人分）

かぶ……3個
かぶの葉（みじん切り）……1本分
鶏もも肉（粗みじん切り）……60g
（茹で用：紹興酒大さじ2）
しょうが（みじん切り）……小さじ1
煮汁
　紹興酒……大さじ1
　鶏スープの素……小さじ1
　水……200cc
紹興酒溶き片栗粉
　紹興酒……大さじ1
　片栗粉……小さじ1
黒胡椒……少々

つくり方

一　かぶは葉を落とし、皮をむかずに、縦に食べやすいサイズに切る。

二　鍋に鶏もも肉と紹興酒を入れ、強火で鶏肉の色が完全に変わるまで煮て、汁は捨てる。

三　かぶと、しょうが、煮汁の材料を二の鍋に入れ、蓋を半分閉め、中火で鶏肉がやわらかくなるまで煮る。

四　最後にかぶの葉を入れ、軽く混ぜてから、適量の紹興酒溶き片栗粉でとろみをつけ、黒胡椒を加えて火を止める。

こんな症状の予防・改善に

冷え　肌あれ　むくみ　便秘　血行不良

ねぎとじゃがいものオイスターソース炒め

むくみを感じたときには、
ねぎで体温を上げ血の循環を良くしましょう。
じゃがいもにはむくみを取る
効果があるので相乗効果です。
弱火でじっくり炒める際は焦げないように注意。
味が変わってしまいます。

材料（2人分）

じゃがいも……2個（約200g）
ねぎ（みじん切り）……1本分（約大さじ8）
オイスターソース……大さじ2
黒胡椒……少々
白胡麻油……大さじ1

つくり方

一　じゃがいもの皮をむいて、5mm角で長さ5cmの棒状に切る。

二　鍋を熱して白胡麻油をなじませ、じゃがいもを弱火で焦がさないように炒める。

三　じゃがいもに透明感がでてホクッとしてきたら、オイスターソースを加えて全体にからめる。ねぎを入れて手早く混ぜ炒め、最後に黒胡椒で味を調える。

こんな症状の予防・改善に

倦怠感　胃の不調　疲れ目　便秘　肥満　しみ

ブロッコリーのにんにくアンチョビ炒め

少し胃が弱っているなと思ったら、
ブロッコリーを食べましょう。
アンチョビの代わりに
イカの塩辛を使ってもOKです。
ブロッコリーが無い場合は、カリフラワーなど
硬い野菜で代用できます。

材料（2人分）

にんにく（みじん切り）……4かけ
にんにく（スライス）……1かけ
ブロッコリー……小1株（約110g）
アンチョビ（粗みじん切り）……1缶（30g）
黒胡椒……少々
白胡麻油……大さじ2

つくり方

一　ブロッコリーを小房に分け、茎は厚めに皮をむいて食べやすく切る。鍋に湯を沸かし（分量外）、塩を入れてブロッコリーを硬めに茹で、水気を少々取る。

二　フライパンに白胡麻油を入れてにんにくスライスを揚げ、取り出す。

三　二の残り油大さじ1でみじん切りのにんにく、アンチョビを香りが出るまで炒め、一のブロッコリーを入れて絡めて火を止める。最後に黒胡椒を振る。

四　三を皿に盛り、上に二の揚げにんにくスライスを置く。

倦怠感

冷え

血行不良

こんな症状の予防・改善に

エビのしょうがにんにく炒め

しょうが、にんにくをたっぷり使うので
スタミナ強化の効果があります。
にんにくとしょうがのスライス揚げは
つくり置きしておけば
いろいろな料理のトッピングに便利です。
エビのほか、イカ、カニ、豚肉でもつくれます。

材料（2人分）

エビ……8尾
（洗浄用：重層、片栗粉　各大さじ1）
（下味：紹興酒　小さじ1、ラード　小さじ1、
片栗粉　小さじ1）
しょうが（スライス）……70g
にんにく（スライス）……100g
紹興酒……大さじ1
鶏スープの素……小さじ1
揚げ油……適量
小葱……少々

つくり方

一　エビの殻をむいて尾を取り、背側に切り目を入れて背わたを取る。重層と片栗粉でもみ、流水で洗って、水気をしっかり取る。下味の材料を混ぜ（ラードは練ってからめる）、エビを漬ける。

二　油を高温に熱し、しょうが、にんにくを一緒にカリッと揚げて揚がった順に取り出す。

三　鉄鍋に大さじ1の揚げ油を移して熱し、一のエビを加えて中火で両面しっかり焼く。紹興酒を入れて手早く炒め火を止める。二のしょうが、にんにく、鶏スープの素を加えざっと混ぜて器に盛る。あれば小葱を飾る。

倦怠感
冷え
風邪
血行不良

こんな症状の予防・改善に

鯛の蒸し物

蒸し物は消化しやすく、
胃腸にやさしい調理法。
他の白身魚や切り身も使えます。
こちらは動物性の脂が少ない一品なので、
さらにスムーズにお腹に収まります。
たっぷり使ったねぎとしょうがは、
魚の臭みを取ってくれ、
冷え性改善にもぴったり。

材料（2人分）

鯛（チダイ）……1尾
紹興酒……大さじ1
詰め用
- しょうが（スライス切り）……2かけ
- ねぎ（斜め切り）……10cm

仕上げ用
- 白髪ねぎ……10cm
- とうがらし（せん切り）……1本
- 香菜……少々

たれ
- 蒸し汁……大さじ5
- 醤油……小さじ1
- オイスターソース……大さじ1
- 黒砂糖……小さじ1
- 紹興酒……大さじ2

白胡麻油……大さじ3

つくり方

一 鯛の内臓を取り除いて、詰め用の材料の1/3を腹に詰める。1/3の材料を耐熱皿に敷いて鯛をのせ、残った1/3を鯛の上にのせる。上から紹興酒をふりかけ、せいろに入れて強火で20～30分間蒸す。

二 たれの材料を小鍋に入れて煮詰める。

三 蒸し上がったら鯛の上のねぎとしょうがを取り除き、仕上げ用の材料をのせ、熱した白胡麻油をかける。二のたれをかけていただく。

※かけるたれの量は好みで調整してください。

豚肉のおいしい使い方

こう選びましょう

赤味と脂身の層が多く、色が鮮やかで、やわらかすぎず、固すぎず、弾力のあるものを選びます。層が多いと細かく切った場合も味のバランスが均一になります。

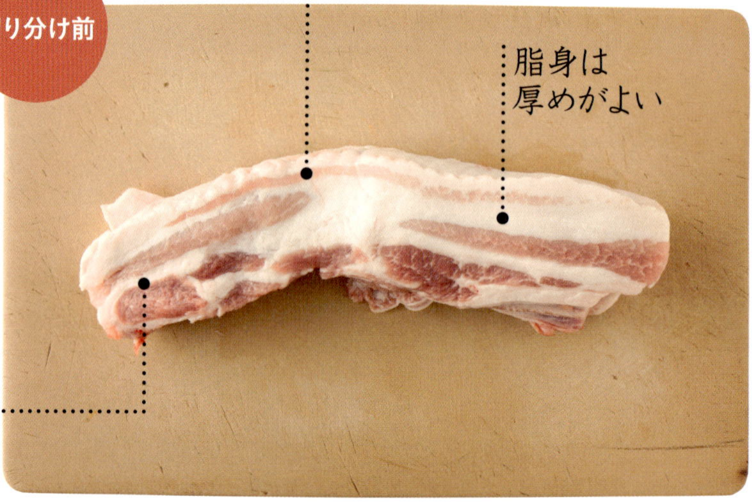

弾力がある

脂身は厚めがよい

赤身と脂身の層が多い

使い分けは…

肉を触ってみて、やわらかい部分と固めの部分があるので、まずそこで切り分けます。脂身がある程度かたまっている部分は切り取り、ラードとして使います。使い切らないときは冷凍しておけば便利です。

脂身が厚い場合
ラードに

やわらかい部分
ミンチに

身が締まって層が厚い部分
スライス・棒状・チャーシューに

この本で紹介する薬味は、肉類とのバランスが抜群です。
肉類の臭みを消し、殺菌効果もあり、おいしさを引き出します。豚肉を買うなら、バラのブロックが断然おすすめ。料理ごとに様々に使い分けられますし、なにより割安でおいしい。
市販のひき肉は水っぽくなりがちですが、自分で刻んだものは歯ごたえがあり身も締まっていて格段においしいのです。もうひき肉は買えなくなるかもしれませんよ。

上手な切り方

ミンチの切り方

一 肉を触って、やわらかい部分と固い部分を切り分ける。

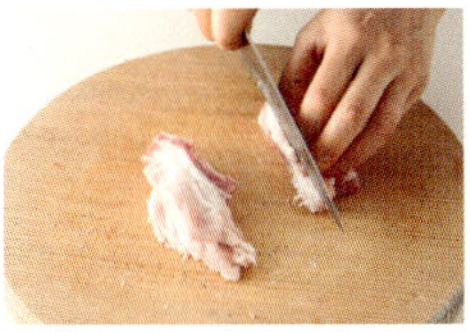

二 肉のやわらかい部分を薄いスライス状にして重ねていく。

三 手で押しつぶして平たくし、細かいみじんに切っていく。

四 みじん状になったら包丁で端からたたき、さらに細かくする。

五 包丁で裏返しながらさらにたたく。肉に粘りが出てきたら完成。

背脂の切り方

背中側の脂身の厚い部分を削ぐように切り落とす。これを細かく切って少量の油で炒めるとラードになる。

スライスの切り方

層を断つようにスライスする。炒めものなどに向く切り方。

棒状の切り方

一 余分な部分を切り落として肉の形を整える。

二 繊維に沿わず、縦に包丁を入れて厚めにスライスする。

三 用途に向いた太さの棒状に切りそろえる。

鶏肉のおいしい使い方

鶏肉はわたしの大好きな食材。スープをとるにもよし、
調理してもよしです。そして中でも、コラーゲンをたっぷり含み旨みも強い手羽中が特におすすめ。
美容にも健康にも効果的ですので、この本にもたくさん登場しています。
手羽元も鍋料理や煮込みなどをはじめ、様々に楽しめます。
手羽先はだしなどに使うとよいでしょう。

こう選びましょう

肉の色が鮮やかで、脂身が白ではなく黄色っぽいもの。黄色っぽいものはいいだしがでます。手羽はつやがあり、黄色っぽくて、身が締まっているものを選びます。

使い分けは…

もも肉、胸肉、手羽元・手羽中・手羽先を料理ごとに使い分けます。もも肉は揚げ物、煮込み、蒸し物、炒め物に、胸肉は和え物、スープの具材にむきます。

上手な切り方

手羽中と手羽先の切り分け

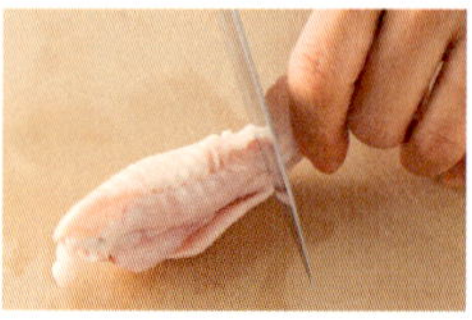

一　くの字に曲がった部分に包丁を入れて切り開く。

二　大きく開くと関節が見えるので、その隙間に包丁を入れる。

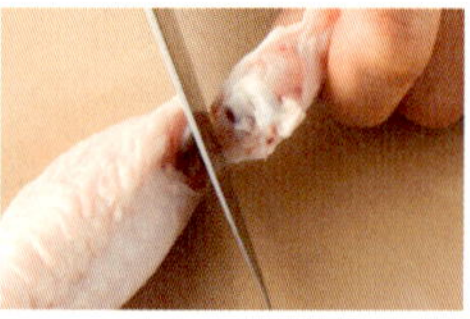

三　手羽先を押さえて切り分ける。あまり力は入れなくて大丈夫。

その他の肉の使い方

豚肉、鴨肉は陰の食材、牛肉、羊肉、鶏肉は陽の食材です。陰の食材には体を冷やす性質がありますので、薬味と上手に組み合わせることが大切です。また陽の牛肉や鶏肉はあまり食べる時期を気にする必要はありませんが、羊肉は要注意。暑い季節にはおすすめできません。体が熱を持ちすぎて火照ってしまい、鼻血が出るかもしれません。一番おいしいのは冬。食べるのはせいぜい春までで、夏には食べないほうが賢明です。また日本人女性には敬遠されがちな脂やスジ、皮ですが、コラーゲンが豊富で肌のつやを保ち骨を丈夫にしてくれます。野菜に含まれるビタミン類の吸収も助けてくれます。脂の旨みは料理にこくと深みを与えてくれます。上手に使っておいしく食べてください。

※扱いになれていない牛すじなどは、調理済みのパックなどを 活用してみましょう。

いろいろな薬味・スパイスを使って

点心とスイーツ

胃の不調
冷え
肌あれ
血行不良

こんな症状の予防・改善に

シナモンとドライフルーツの花巻

おやつにはビタミン豊富なドライフルーツを上手に活用しましょう。
シナモンは血行を良くしてくれます。
ドライフルーツは同じ大きさに切ると、味のバランスと歯触りが良くなります。

材料（4個分）

生地

- 薄力粉……130g
- ベーキングパウダー……小さじ1
- ドライイースト……小さじ1強
- バター……小さじ2
- 砂糖……大さじ1
- 牛乳……約30cc（大さじ2～3）
- 卵白……約1個分

干し葡萄（3mm角切り）……大さじ1
干しマンゴー（3mm角切り）……大さじ1
干しあんず（3mm角切り）……大さじ1
シナモンパウダー……適量
打ち粉……適量

つくり方

一 ボウルに薄力粉、ベーキングパウダー、ドライイーストを入れてよく混ぜる。

二 別のボウルに牛乳を入れ、卵白、砂糖を加えてよく混ぜた後、火にかけて溶かしたバターを加えて混ぜてから、一に少しずつ入れてよく練る。ラップで覆って30分間寝かせて発酵させる。

三 打ち粉を振った台に2の生地を置き、麺棒で厚さ5㎜の円形に伸ばす。シナモンパウダーをかけ混ぜたドライフルーツを生地全体に散らし、ぐるぐるに巻いて棒状にしたら8等分に輪切りし、輪切りの面を上にして2つずつ並べてくっつけ、それをねじって花巻の形にする。

四 三をクッキングシートを敷いて蒸気の立った蒸し器に入れ、強火で15分間蒸す。

こんな症状の予防・改善に

倦怠感

胃の不調

肌あれ

血行不良

花椒の蒸しパン

甘さが控えめなので主食にも向く蒸しパンです。
泡立て器でよく混ぜるのが、おいしくつくるポイント。
甘党の方やおやつに食べたいときは、
砂糖を加えて楽しんでください。

材料（口径8cm×高さ4cmのカップ6個分）

薄力粉	50g
ベーキングパウダー	5g
卵	1と1/2個
塩	小さじ1/4
花椒（パウダー）	小さじ1/4
牛乳	大さじ1
バター	大さじ1
コンデンスミルク	小さじ2
塗り用バター	適量
シナモンパウダー（あれば）	適量

つくり方

一 薄力粉とベーキングパウダーをふるいながらボウルに入れる。

二 別のボウルで卵を泡立て器で溶きほぐし、牛乳、火にかけて溶かしたバター、コンデンスミルク、塩、花椒を加えて混ぜる。一を加えて混ぜ合わせる。

三 カップの内側にバター（分量外）を塗り、二の生地を8分目くらいまで入れる。蒸気の立った蒸し器に入れて強火で20～30分間蒸す。竹串を中央に刺し、生地がくっつかなければできあがり。好みでシナモンパウダーをふる。

こんな症状の予防・改善に

疲労
免疫力不足
乾燥肌
血行不良

胡麻餡の白玉団子

つくった餡は必ず冷蔵庫に入れて固めること。
たくさんつくり置きしておけば、
すぐにおいしいおやつになります。
餡は冷蔵庫で一カ月は保管できます。

材料（8個分）

胡麻餡

- 黒練り胡麻……大さじ2
- 蜂蜜……大さじ1/2
- 砂糖……大さじ3
- ラード……大さじ1/2

皮

- 白玉粉……60g
- 水……約70cc

砂糖漬け金柑（あれば。スライス）……少々
穂紫蘇（あれば）……少々

つくり方

一　ボウルに胡麻餡の材料を入れてよく混ぜる。8等分して直径1cmほどの団子をつくり、冷蔵庫で固まるまで冷やす。

二　白玉粉を入れたボウルに水を少しずつ入れ、耳たぶくらいのやわらかさになるまでしっかり練る。

三　二の生地を8個分に分け、それぞれ薄く円状に伸ばす。一の餡を中央にのせ、生地でくるんで丸め、団子状にする。

四　鍋に水をたっぷり張って沸騰させ（分量外）、三を入れて茹でる。団子が全部浮いてきたらお椀に移して茹で汁を注ぐ。砂糖漬け金柑や穂紫蘇があれば、上に飾る。

こんな症状の予防・改善に

肌あれ　のぼせ　イライラ　口内炎　便秘

緑豆ぜんざい

体の余熱をとる緑豆を使った、
夏におすすめのデザート。
陰性が強く、利尿作用も強い一品ですので、
冷え性の方と飲酒後は控えめに。
解毒作用が強いため傷みやすいので、
つくったらすぐ食べましょう。
残りは必ず冷蔵庫で保存してください。

材料（2人分）

緑豆	50g
水	約300cc
砂糖	大さじ3
しょうが（スライス）	10g
ミント（あれば飾り用）	10g

つくり方

一　鍋にミント以外のすべての材料を入れて、中火で緑豆がやわらかくなるまで煮る。水分が減っても固いようならば途中で水を足す。

二　しょうがを除いて器に移し、上にしょうがとミントを飾る。

こんな症状の予防・改善に

咳

のどの痛み

胃の不調

乾燥肌

八角風味の杏仁豆腐

秋冬の乾燥時期や
咳がでるときにおすすめのデザート。
杏仁には咳止めの効用があります。
八角の代わりに五香粉でも代用できます。

材料（2人分）

牛乳	400cc
水	200cc
粉寒天	4g
砂糖	大さじ4
アーモンドエッセンス	大さじ1弱
八角シロップ	
砂糖	大さじ4
お湯	200cc
八角	2個
セージの葉（あれば飾り用）	2枚

つくり方

一 小鍋に水を入れて強火にかけ、沸騰したら火を止めて砂糖と粉寒天を加える。よく混ぜて溶かし、牛乳とアーモンドエッセンスを加えてボウルに移し、粗熱が取れたら冷蔵庫に入れて固まるまで冷やしておく。

二 小鍋に八角シロップの材料を入れて中火にかけて沸騰させ、粗熱を取る。

三 一が固まったらスプーンですくって器に盛り、二のシロップを注ぎ、セージを飾る。

こんな症状の予防・改善に

咳　むくみ　口内炎　肌あれ　便秘　吹き出物　免疫力不足

ゆず風味の
バナナ春巻

咳止め・痰切りの効用があるゆずと、
便秘解消に良いバナナの組み合わせ。
小豆はむくみ解消になります。
低温で揚げると中が水っぽくなりますので、
強火で春巻きの皮の色が変わる程度に
揚げるのがコツです。

材料（２人分）

バナナ……２本
小豆餡……大さじ４
ゆず皮（すりおろし）……小さじ１
春巻きの皮……２枚
飾り用の粉糖、チャービル（あれば）……各適量
揚げ油……適量

つくり方

一　皮をむいたバナナを縦に半分に切り、真ん中を少しくり抜き溝をつくる。そこに小豆餡を入れ、ゆずの皮を散らして、バナナを元の形に戻す。春巻きの皮で巻ける長さに切り分ける。

二　春巻きの皮で一をしっかり巻き、高温の油でカリッと揚げる。

三　皿に盛り、ゆず皮のすりおろし（分量外）とチャービルを飾る。

おわりに

普段わたしはお化粧をしていません。自然な肌のまま仕事をしています。そのことに驚かれた方に顔に触れてもらうと、「弾力があってすべすべですね」とお世辞でも嬉しいお言葉を頂くことがあります。幸いこれまで元気で過ごしてこられたのは、日々の食習慣のお陰です。それを教えてくれたのは北京で私を育ててくれたおばあちゃんでした。「今日の食事を大切にしなさい」と物心がつくころから諭してくれたおばあちゃん。著名な漢方医を夫にもち、自身も看護師の資格を持っていたため、食べものと体の知識がとても豊富で、季節や体調によって食べもの、食べ方を変える“家庭薬膳”を教えてくれました。それは本やインターネットで得るものではなく、西洋医学とも異なり、昔から人々が経験を積み重ね口から口へと語り継いできた、食べ方の知恵です。

ただしその知恵は常に万人に当てはまるものではありません。一人ひとり性格に個性があるように、体質も体調のサイクルも異なるからです。まず自分の体の声をよく聴くこと。その時々で何が足りず、どんな食材を欲しているのか知ることです。この本のテーマの薬味は字の通り一番身近な〝薬〟ですので、無条件に体に良いわけではありません。食べすぎることなく自分なりに試し、体に起こる変化をしっかり観察し、あなたに必要な時期や適量を見つけることがとても大切です。体は嘘をつきません。上手な薬味のとりかたは、おいしい食事と健康のヒントになるはずです。

この本を読んでくださったあなたの、元気とキレイを心から願っています。

パン・ウェイ

パン・ウェイ *Pan Wei*

料理研究家。中国・北京生まれ。
季節と体をテーマに四季に沿った食生活を提唱し、
現在は東京・代々木スタジオにて料理教室を主宰。
「きょうの料理」（NHK）等のテレビ出演や著作活動、講演会の他、
企業向けのレシピ開発やコンサルタントでも活躍中。
著書に『女のからだには、薬膳が効く』（マガジンハウス）、
『元気とキレイの薬膳的暮らし』（PHP研究所）、『食養生読本』（講談社）、
『中華のシンプルレシピ』（オレンジページ）等。
HP＊http://www.pan-chan.com
ブログ＊http://panwei.exblog.jp/

たっぷり薬味で元気とキレイ！

にんにく・しょうが・ねぎ・とうがらしの
薬膳レシピ

2012年3月10日　第1刷発行

著者　パン・ウェイ

発行所　社団法人　農山漁村文化協会
〒107-8668　東京都港区赤坂7-6-1
TEL 03-3585-1141（営業）　03-3585-1145（編集）
FAX 03-3585-3668
振替 00120-3-144478
URL http://www.ruralnet.or.jp/

アートディレクション　大久保裕文（Better Days）

デザイン　小渕映理子（Better Days）

写真　野口修二

イラスト　小巻

スタイリング　モリグチ305

編集　しまざきみさこ

印刷・製本　凸版印刷株式会社

<検印廃止> ISBN978-4-540-11281-2　定価はカバーに表示